Si la vida me ofreciera la oportunidad
de escoger mi propio destino,
aun quisiera simplemente ser
la persona que te dio la vida.

Y no hay nadie en la tierra
a quien preferiría
como hijo.

— Laurel Atherton

Las ediciones en español
publicadas por
Blue Mountain Arts®

A mi hija, con amor, sobre las cosas importantes de la vida
por Susan Polis Schutz

Antologías:

A veces, la vida puede ser dura
...pero todo saldrá bien

Cree siempre en ti y en tus sueños

El matrimonio es una promesa de amor

Estos son los dones
que quisiera darte

La verdadera amistad
siempre perdura en el corazón

Lemas para vivir

Si Dios está a tu lado
...no estarás jamás a solas

Te quiero, Mamá

En tu alma hay nobleza, hijo mío

Edición especial

Una colección de Artes Monte Azul™

Pensamientos que cada padre y cada madre desea compartir con el hijo

Editada por Gary Morris

Artes Monte Azul™
Blue Mountain Arts, Inc., Boulder, Colorado

Número de la Tarjeta de Catálogo de la Biblioteca del Congreso: 98-30606
ISBN: 0-88396-763-4

Los RECONOCIMIENTOS aparecen en la página 64.

Hecho en los Estados Unidos de América.
Primera impresión en español de esta edición: 2003

Este libro se imprimió en papel reciclado.

Este libro está impreso en papel vergé de alta calidad, de 80 lbs, estampado en seco. Este papel ha sido producido especialmente para estar libre de ácido (pH neutral) y no contiene madera triturada ni pulpa no blanqueada. Cumple todos los requisitos de American National Standards Institute, Inc., lo que garantiza que este libro es duradero y podrá ser disfrutado por generaciones futuras.

Datos de publicación del sistema de catálogo de la Biblioteca del Congreso

There is greatness within you, my son. Spanish.
En tu alma hay nobleza, hijo mío : una colección de poemas /de Artes Monte Azul.
p. cm.
Translation of: There is greatness within you, my son.
ISBN 0-88396-763-4 (alk. paper)
1. American poetry -- 20th century -- Translation into Spanish.
2. Mothers and sons -- Poetry. 3. Fathers and sons -- Poetry. I. Blue Mountain Arts (Firm) II. Title.
PS619.56T44 1998
811'.5080920431 -- dc21

98-30606
CIP

Blue Mountain Arts, Inc.

P.O. Box 4549, Boulder, Colorado 80306 EE.UU.

Indice

Hijo, es grande el orgullo que siento por ti

En ocasiones, sólo hubiera querido tomarte en mis brazos y decirte que no te preocuparas, que todo se arreglaría. Pero para educarte, mi obligación a veces iba más allá de un abrazo tranquilizador.

Era obligación mía permitir que descubrieras cosas por ti mismo, aunque el resultado fuese doloroso. No me resultó fácil, pero en mi opinión, era necesario.

Si te hubiera permitido pensar que todos los problemas que pudieras enfrentar se desvanecerían con sólo desearlo, no habría cumplido con mis obligaciones para contigo. Era necesario que aprendieras y crecieras a través de tus propias tribulaciones y experiencias... desarrollando lenta pero firmemente confianza en ti mismo y valentía, con cada paso que dieras.

Te alenté a que fueras fiel a ti mismo, a que te aceptaras cómo eres y a que no permitieras que te amedrentaran los obstáculos que encontrarías en tu senda. Intenté enseñarte a ser valiente y a tener una actitud positiva al salvar aguas inciertas.

Hice lo mejor que pude con lo que tenía a mi alcance. No llegué a la perfección, pero lo intenté. Y a través de todas las lágrimas, de todas las preocupaciones al criarte... creciste bien. Eres exitoso e inteligente y no hay límites a tus logros ni a lo que puedas hacer. Pero no son solo tus logros los que te han llevado donde te encuentras ahora. Tus valores morales, tu sentido del humor y tu buen corazón contribuyeron a que seas el hombre maravilloso que eres.

Te quiero y deseo que sepas el orgullo que siento por ti.

– T. L. Nash

Hijo, quiero que sepas todo lo que tú significas para mí

En ocasiones me cuesta creer
que el hombre que contemplo al mirarte
era mi niñito.
¿Adónde se ha ido el tiempo?
¿Cómo se hicieron años los instantes
desapareciendo a nuestras espaldas
a tanta velocidad?

Me admiran los cambios que
se han producido en ti,
y en ocasiones me entristece saber
que esa parte de mi vida ya se ha acabado.
Pero también siento la dicha
y el orgullo de tener un hijo
que ya es hombre,
y nada podrá borrar ni desvanecer
los maravillosos recuerdos que tengo
de ti cuando niño.

Hasta los momentos difíciles, los momentos
de tribulaciones, los momentos de desesperanza
se han suavizado a lo largo de los años.
Los recuerdos de ti aún me traen
risa y deleite,
calidez al corazón,
y lágrimas a los ojos.
El orgullo que llena mi mente
y el amor que por ti siento
han seguido creciendo,
tal como tú creciste.
Eres para mí aún más precioso
ahora que antes.
Si pudieras vislumbrar en mi corazón
el amor que allí se anida,
si pudieras sentir su intensidad y profundidad,
verías que tú le has dado
sentido a mi vida
como nadie más ha podido.

— Barbara Cage

Deseo darte las gracias por todos los dones que me has otorgado

En tu existencia, me has dado
tantos dones que son incontables
y sin embargo los que más recuerdo
son los que me diste de ti
sin siquiera darte cuenta.
Cuando eras pequeño, me diste el don
de poder ver el mundo
por tus ojos, hallando belleza
antes desapercibida.

Los muchos recuerdos que fabricamos,
el amor que me diste
  y el amor que te tengo
son dones para toda la vida.
Quiero darte las gracias por todo
  lo que me has dado,
y decirte que
  uno de los mejores dones
es la felicidad que me sobrecoge
  desde aquel primer momento
    en que te tuve en mis brazos.

— Deanne Laura Gilbert

Recuerda estas cosas, hijo mío

Estás creciendo y transformándote
en un maravilloso joven
Tus cualidades te distinguen entre todos
No tengo duda que un día, tus talentos
te abrirán muchos caminos en tu vida
Pero es importante que, al madurar
no pierdas tu interés en cosas muy diversas
que llenarán tus días
Mantén tu optimismo
para que puedas, con energía siempre renovada
llegar hasta la cumbre
Mantén tu determinación
pues te dará el impetu
de alcanzar las metas que desees
No pierdas nunca tu entusiasmo
en todo lo que hagas
pues te ayudará a sentirte siempre alegre

Mantén tu sentido del humor
pues te ayudará a aprender
de tus errores
Mantén tu confianza en ti mismo
pues te ayudará a arriesgarte
sin temor al fracaso
No pierdas tu sensibilidad
pues te ayudará a comprender el mundo
y enfrentar con valentía
la injusticia
Mientras sigues creciendo
a tu propio ritmo, cada día más
recuerda siempre que
mi orgullo por ti aumenta sin cesar
y que te quiero

— Susan Polis Schutz

Mi hijo, con todo mi amor

A veces
todos necesitamos recordar
cuánto somos amados.

Si tú también
sientes así a veces,
quisiera que recuerdes...

Te quiero mucho, hijo.

Mis pensamientos van hacia ti
y tu felicidad me es tan preciosa
que ni podría
encontrar palabras
para decírtelo.

Estoy orgullosa de tí, y doy gracias
por los años que me han brindado
tantas razones para dar las gracias.

Si la vida me ofreciera la oportunidad
de escoger mi propio destino,
aun quisiera simplemente ser
la persona que te dio la vida.

Y no hay nadie en la tierra
a quien preferiría
como hijo.

— Laurel Atherton

Cree siempre en ti, hijo mío, y recuerda que todo es posible

Confía en las cosas que te inspiran.
Confía en las cosas que te dan felicidad.
Confía en los sueños
que siempre has anhelado
y déjalos hacerse realidad.

La vida no hace promesas
sobre lo que te reserva el futuro.
Debes buscar tus propios ideales
y animarte a cumplirlos.
La vida no te ofrece garantías
sobre lo que tendrás.
Pero te ofrece tiempo para decidir qué buscas
y arriesgarte a encontrarlo
y a revelar algún secreto
que encuentres en tu senda.

Si tienes voluntad
para hacer buen uso del talento
y de los dones que son sólo tuyos,
tu vida estará llena
de tiempos memorables
y de inolvidable alegría.

Nadie comprende el misterio de la vida
o su significado,
mas para aquellos que deciden
creer en la verdad de lo que sueñan
y en sus fuerzas,
la vida es un singular regalo
y nada es imposible.

— Dena Dilaconi

Tú eres mi esperanza para el futuro

Cuando te tenía en mis brazos...
cobijaba en mi regazo
todas mis esperanzas para el futuro.
Tanto te amaba entonces
que mi corazón parecía estallar
de orgullo y felicidad.
Entonces me preguntaba cómo crecerías,
y no me desilusionaste.
Eres una persona de quien enorgullecerse.
Eres sensible, pero vital,
tienes la valentía de emprender tu camino,
de conocer qué debes hacer, y hacerlo.

El amor que nos une no necesita de palabras,
sino que forma los cimientos para nuestro
diálogo, al compartir tiempo y esfuerzos,
abrir nuestro corazón y querernos.
Me enorgullecen tus triunfos,
pero aún más tu actitud ante la vida.
En los triunfos y en las derrotas,
mantienes tu integridad y tu humanidad,
y mereces mi respeto.
Por tus propios esfuerzos ha surgido
una honda bondad en ti.
No hay nada que más desee para ti
que un mundo de felicidad en tu vida.

— Ruthann Tholen

Siempre desearé tu felicidad

Entiendo que no siempre te sea fácil
abrirme tu corazón sobre tu vida
y aquellas cosas que consideres
intimidades que no se comparten.
Tal vez porque entre padres e hijos,
existen barreras naturales
que se levantan entre ambos
y nos impiden comunicarnos.
Puedo entender que tú creas
que somos muy diferentes,
que las distintas épocas de nuestra vida
nos separan en el tiempo
y que no podré comprenderte.
Pero es precisamente por el vínculo que nos une
que me empecino en tratar de comprenderte.

No puedo leerte los pensamientos ni
pretender que conozco tus sentimientos
y experiencias de la vida.
Pero bien recuerdo mis congojas a tu edad.
No siempre podré responderte
ni siempre sabré qué es lo mejor para ti.
Pero, por el amor que te tengo,
deseo que seas feliz y estés sereno.
Por ese vínculo que nos une,
hay en mi un instinto natural que me impulsa
a protegerte de zozobras y angustias
y el poderoso deseo de seguir siendo
una parte de tu vida.
Quisiera que recordaras
que siempre estoy a tu lado.
Y cuando sientas que no puedes
o no quieres hablar
conmigo,
recuerda sencillamente que te amo.

— Katherine J. Romboldi

Desde siempre había en ti algo muy especial. Lo común y lo ordinario nunca te bastaron. Tenías que esforzarte un poco más, llegar un poco más allá. Mientras otros soñaban sueños, deseando que se tornaran realidad, tú trabajabas con esmero para convertir tus sueños en realidad. Mientras otros esperaban, tú intentabas, y casi siempre triunfabas. Deseaba hacerte saber el orgullo que siento por todo lo que has logrado, por la persona que eres.

— M. Joye

Sea lo que fuere que tú decidas hacer de tu vida, me enorgulleceré de ti

Es tan importante
elegir tu propio
estilo de vida
sin permitir que otros
te lo impongan
Hacer lo que quieres hacer
Ser lo que quieres ser
Aparecer como quieras aparecer
Actuar como quieras actuar
Pensar como quieras pensar
Hablar como quieras hablar
Perseguir las metas que quieras imponerte

Vive tu vida según las verdades
de tu fuero interno
y recuerda que hagas lo que hagas
estaré a tu lado
y siempre me enorgulleceré de ti

— Susan Polis Schutz

¡Sé fiel a ti mismo!

Eres la mejor, la única
persona que puedes ser.
No te quites originalidad
tratando de cambiarte.
Ser fiel a ti mismo conduce al éxito.
Ser lo que no eres lleva a la derrota.
Usa tu tiempo y tu energía
para impulsar lo que eres –
construyete sobre tus cimientos,
no te destruyas.

¡SÉ FIEL A TI MISMO!
Respeta y considera los sentimientos
de los seres más cercanos a ti,
pero no les permitas imponerte
cómo pensar, sentir, ser o vivir.
Sólo tú tienes el derecho
de decidir por ti mismo.

¡SÉ FIEL A TI MISMO!
Si otros te desdeñan,
no te flageles por ello.
Su desdén nada tiene que ver
con quién tú eres;
tiene que ver con quiénes son ellos.

¡SÉ FIEL A TI MISMO!
Sé honesto, porque si no lo eres,
será imposible para ti
apreciar tu persona, y
para otros apreciarte a ti.
El respeto de tu persona nace
de la honestidad;
el respeto de los demás nace
del respeto mismo que tú te tengas.

¡SÉ FIEL A TI MISMO!
Acéptate como ser imperfecto,
pero que puede ser amado,
porque tus cualidades
sobrepasan de lejos las debilidades.
Ciñe la bondad que está en ti;
verás que es más de lo que creías.

¡SÉ FIEL A TI MISMO!
Formas parte del universo
no por casualidad sino por destino.
Tienes tu lugar y propósito especiales.
Confía en tu creador.
En el cielo hay una estrella
que lleva tu nombre.
Reclámala, y hazla brillar.
Para ti...
para los demás...
para un mundo que se nutre de luz...
hazla brillar.

— Nancye Sims

Hijo mío, te deseo...

Te deseo una estrella que ilumine tu senda
cuando no puedas ver lo que te aguarda.
Te deseo vientos fuertes
que impulsen tus aspiraciones,
llevándote en sus alas.
Te deseo plegarias, intensas y profundas,
para desatar tus penas
cuando se enreden las hebras.
Te deseo esperanza en los momentos difíciles –
una fe basada en el poder infinito de Dios.
Te deseo una cosecha de momentos,
y de dulces recuerdos.
Te deseo rayos de sol entre las nubes
y sonrisas para convertir en alegría los pesares.
Te deseo silencio cuando no se necesiten palabras
y todo aquello
que desvanece las penas.
Te deseo mañanas tan vastos como el universo –
oportunidades allende
la fe de tu corazón.
Te deseo amor, duradero y generoso,
y un corazón feliz –
cada día, por todo el año.

– Linda E. Knight

No renuncies jamás a tus sueños

Es posible que por momentos sientas que has tomado millones de pasos en pos de tus sueños, realizando tus planes, sólo para descubrirte en el mismo lugar por donde empezaste. En esos momentos, no te resignes.

Cuando sientas que todas tus luchas y tribulaciones a nada te llevaron, persiste. En la confusión, la soledad y la zozobra, sigue creyendo en ti. Si permites que la duda y el desaliento te empañen la visión y naufraguen tus sueños, ya nada te quedará. Vislumbra tu camino allende los desvíos, las paradas y los obstáculos.

Realizarás tus sueños. Mucho te has afanado y muchos son los pasos productivos que has tomado por el rumbo adecuado, así pues triunfarás. Aunque por momentos sea hondo el dolor, pasará. Mañana será siempre un nuevo día. Hoy, detente, reposa, recobra el aliento, luego mira hacia adelante. Cada paso te acercará más tus sueños.

– Vicki Silvers

Trabaja duro, hijo mío... pero diviértete a la vez

La seriedad es importante
en pos de tu meta,
pero espero que también recuerdes
cómo regocijarte en la vida.
Tómate unos momentos de libertad;
no dejes que se te vuele la vida.
Espero que triunfes en tu acometido,
pero querría verte también
pasando buenos ratos con amigos,
gozando de instantes de serenidad,
y haciendo cosas que te agradan, tan sólo
porque alegran tu corazón.

Haz esas cosas que te ayudan
a comulgar con tu esencia;
vives en un mundo pleno
de oportunidades de felicidad en la vida.
Consérvate tan especial como lo eres
y tan henchido de esperanzas y de sueños
como hoy,
pero no pierdas jamás esa sonrisa picarona,
y siempre recuerda que en la vida hay que darle
lugar a la felicidad –
la que te mantiene en contacto
con la amistad, los sueños,
y el mundo que te rodea.
Mucho me enorgullezco de ti
y siempre estaré deseándote
la felicidad más grande.

– Barbara J. Hall

Sé lo mejor que puedes ser, y ¡sé feliz!

Imagina el futuro como una compuerta
maravillosa hacia la tierra prometida.
Aprende del pasado,
pero que no determine tu futuro.
Olvida los errores del pasado.
Alégrate de vivir en un mundo
pleno de oportunidades.
Ten optimismo.

Aprecia el talento y el ingenio
que Dios te dio, sólo para ti,
y no temas usarlos.
Procura el consejo y la ayuda de otros,
pero recuerda a la vez que
la última palabra debe ser la tuya.
Elige tu propio rumbo,
explora tu propio ser,
halla tus propios sueños.
Persiste; no te desalientes
si encuentras obstáculos en el camino.
Haz todo lo que puedas para que este mundo
sea un lugar mejor para vivir.
Recuerda que la vida no siempre es fácil,
pero con tiempo y esmero
será todo lo que quieres que sea.
Por sobre todas las cosas, ¡sé feliz!
El futuro te aguarda,
y el vivir es maravilloso.

— MacKenzie Sinclair

Que cada día de tu vida sea una aventura

Para algunos, la vida es una aventura;
una aventura del espíritu
y del cuerpo.

Cada nuevo día
empieza con el milagro y la anticipación
de lo nuevo que ofrecerá.
De las oportunidades de
crecer,
amar,
apasionarse por vivir, y
descubrir la comprensión.

Cada día es único, cual solitario copo de nieve
que se busca a sí mismo entre los
millones de copos que
lo precedieron.
Cada nuevo día presta color al tapiz
de una vida bien vivida
y melodía a un alma libre.

Cada experiencia nueva armoniza para crear una vida
de propósito y pasión
que resplandece como un faro, proyectando sus rayos
allende las olas, para guiar al viajero perdido y cansado
al amparo del hogar y al significado
de su vida.

Estamos aquí por un breve período.
El gran plan del universo ofrece sorpresas y vueltas
del destino que atemorizan a las almas tímidas.
Pero aquellos que saben vivir la aventura de la vida
se regocijan con las vueltas del destino.
Para ellos, cada día es pletórico de panoramas y
melodías y sabores y emociones.

Para algunos la vida es fatigosa. Es repetición
y rutina, cielos plomizos, ruidos sordos, personas sin
encanto y emociones reprimidas.

Nosotros moldeamos nuestros días; no vienen solos.
Para vivir una vida plena
de aventuras, aprende a reír más,
a sentir más,
a compartir más,
a aprender más, a amar más.

— Tim Connor

Hijo mío, quiero darte los regalos que duran eternamente

Quiero darte esa clase
de regalos que perdurarán
por toda tu vida,
cosas que simplemente
no se pueden comprar.
Quiero darte el valor
de defender tus convicciones;
una mente juiciosa;
un corazón acogedor;
un sentido del humor
que te ayude a enfrentar
cualquier situación;
la capacidad para seguir
creciendo y aprendiendo
con los cambios de la vida;
un enfoque positivo del futuro;
el amor y el apoyo
de tus amigos y de tu familia;
y la confianza
y la inspiración
para seguir el camino de tus sueños
dondequiera que
puedan conducirte.

— Morgan R. Gray

Esto te pido, hijo mío –
Que procures ser todo lo que puedes ser,
pero sin copiar a otros
Que realices tus propias cualidades,
todo lo que te hace especial
Que abras los ojos a la belleza
de cada día
Que tiendas una mano a los menos afortunados
que tú
Que dando aprendas la alegría de
recibir
Que olvides la tristeza del pasado,
pero recuerdes los momentos felices
Que aprendas a aceptar la vida
con sus zozobras y sinsabores
Porque la vida es para disfrutar
y a veces soportar, pero nunca para tomarla
por sentado
Sólo recuerda siempre
que eres una persona especial
entre todas las personas especiales
y haz lo mejor que puedes.

– Rhoda-Katie Hannan

Cuando sueñes, sueña hondo.
Cuando ames, que te dure.
Cuando tengas esperanzas,
abrígalas en tu corazón.
Tus posibilidades son infinitas.

Cuando compartas, comparte plenamente. Cuando estés a solas, dale rienda suelta a la imaginación. Si tus deseos no se cumplen, no te resignes. Tal vez la oportunidad te aguarde a la vuelta de la esquina.

Cuando te enfrentes con contratiempos, mantén tu valentía. Cuando despiertes, recuerda que el sol surge cada día.

Cuando viajes hacia el mañana, marca tu propio rumbo. Tu felicidad será por siempre tu guía.

Cuando te inunden sentimientos especiales, déjalos fluir al corazón. Cuando los milagros te busquen, no los huyas. Cuando te tropieces con seres especiales, hazles saber que son una bendición. Las sonrisas nacen de lo más hondo del alma.

— Collin McCarty

Nunca menosprecies tu talento

Puedes realizar todos tus sueños.
No dejes que se infiltren dudas
en tu mente alerta.
Eres tan vigoroso y tan hábil;
eres valiente y voluntarioso.
Lo tienes todo para triunfar,
tantas cosas a tu favor,
un mundo de posibilidades.
No menosprecies tu fina habilidad
ni prives tus sueños
de la satisfacción más plena.
Reconoce tus cualidades.
Adopta un enfoque positivo.
Afirma tus facultades de razonamiento.
Mantén el control.
Por sobre todas las cosas, piensa
que puedes,
cree que puedes,
¡y con toda seguridad, podrás!

— Barbara J. Hall

¿Cómo se puede medir la gallardía de un hombre?

La medida de un hombre no está
en las cosas que posee,
o en los ahorros para la vejez,
ni tampoco en sus logros.

La verdadera medida de un hombre está en
su fe y su corazón.

Está en los amigos que permanecen a su lado,
en su fortaleza en los momentos difíciles,
en la sensibilidad que no teme expresar,
en la revelación de su vulnerabilidad,
  aunque corra el riesgo de que lo hieran.

Está en la verdad de sus palabras,
  la autenticidad de su vida,
  sus acciones altruistas,
  y los principios que lo guían.

Determina la medida de un hombre
  no por sus trofeos admirables
  ni por compararlo con otros hombres
  más débiles o con más fortaleza.

Determina la medida de un hombre
  por la confianza que le tienes
  y la fe que te inspira,
y por cuánto su vida completa la tuya.

— Craig Brannon

Por el camino de tu vida, hijo mío...

No olvides confiar en ti. Al levantarte por la mañana y prepararte para enfrentar el día, apresta tu fortaleza pues siempre la necesitarás. Aférrate a tus convicciones, pues son las que te hacen lo que eres. Confía en tu inteligencia y tu habilidad.

No olvides ser compasivo. Al contemplarte en el espejo, lee el destello de tus ojos. Busca la valentía de creer en ti. Y la voluntad para enfrentar el día. Recuerda que eres humano, y por lo tanto imperfecto.

No olvides tener esperanza. Cuando ya no te quede más, busca en lo hondo de tu alma. Allí encontrarás la fe en ti mismo y en los que amas. Allí encontrarás la fe en el mañana. Allí encontrarás el consuelo de saber que los que están junto a ti te aman.

No olvides ser caritativo. Cuando sientas que no hay pena mayor que la tuya, mira a tu alrededor. Reconoce que otros antes sufrieron más. Reconoce que otros después sufrirán más. Reconoce que el dolor nos toca a todos por doquier.

No olvides la risa. Cuando el razonamiento te falle y la lógica se desvanezca, busca en tu corazón. Allí es donde encontrarás la capacidad de reírte de ti mismo sin temer las críticas. Recuerda que la risa cura los males más que las lágrimas.

No olvides quien eres.
No olvides tu compasión,
tu esperanza,
tu caridad.
Y no olvides la risa.

— Chris Marie Perrin

En mis ojos, hijo...

Te veo erguido
como lo estás –
poderoso, sensible, decidido
y tierno.
Te puedo ver logrando todo
lo que desees lograr.
Te puedo ver siendo exactamente
quién y qué quieres ser.
Mira por un instante a través de mis ojos,
y te verás a ti mismo
sobrepasando todos los límites.
Mira a través de mis ojos
y verás en verdad quién eres
y lo que eres capaz de hacer.
Puedes lograrlo todo –
sé que puedes.

– Lea Marie Tomlyn

Si me pidieran que defina el hijo perfecto, yo diría...

"Busca a un joven cuyo corazón
sea tan grande como el Gran Cañón;
busca a un joven que sólo piensa
en los demás;
busca a un joven que cada día
hace mil buenas acciones
sin esperar compensación;
busca a un joven que sufre
pero no se lamenta.
Y cuando acabes tu búsqueda,
si encontraste a ese joven,
regocíjate, pues
has encontrado a mi hijo."

— Jeffrey K. Lucas

A ti te deseo, hijo mío, todo lo mejor de la vida

Te deseo Amor: incondicional
y eterno.
Te deseo Comprensión:
mente abierta, corazón tierno
y respuestas a todas tus preguntas.
Te deseo Determinación:
para perseguir lo que deseas,
alcanzarlo y ser justo.
Te deseo Fe: para creer
en ti, en tu habilidad, y
para perseverar.
Te deseo Paz: saber perdonar,
calma en los momentos tormentosos,
y el amparo del amor.

Te deseo Satisfacción: tiempo para
hacer lo que te agrada, alguien con
quien compartir, la capacidad
de reconocer cuando algo ya
no anda y la valentía de sobrepasarlo.
Te deseo Alegría: una pizca de sentido
del humor, una mano en la tuya, y
orgullo en tu acometido.
Te deseo Ternura: en caricias,
sensaciones y en toda tu experiencia.
Te deseo Bondad: honestidad, integridad
y lealtad, no sólo de los demás,
sino de lo hondo de tu propio ser.
Te deseo Paciencia: en tus acciones,
tus palabras, y en tu búsqueda por ser
todo lo que puedes ser.

— Barbara Cage

Hijo mío, consérvate por siempre el ser original que eres

La sociedad enseña a los hombres que
siempre han de ser fuertes,
que deben suprimir todos los
sentimientos sensibles, y ser varones
La sociedad enseña a los hombres que
deben ser líderes
deben triunfar
deben lograr
Se les juzga la vida
por el poder que usurpan
por el dinero que ganan

Hijo mío, espero que nunca
te veas obligado por la sociedad
Debes tener la libertad de pensar
y de hacer todo lo que ansías
de actuar como tú quieras en todo
momento
Debes poder llorar cuando tengas pena
y reír cuando te regocijes
Debes ser
la extraordinaria persona
que eres –
la persona que tanto me enorgullece
y que siempre amaré

– Susan Polis Schutz

De ti depende, hijo mío, que todos tus sueños se tornen realidad

Si crees en tus sueños, y te afanas por tornarlos parte de tu realidad, verás que todo lo que tu quieres se materializará.

Si de verdad crees y dedicas tu tiempo y tus energías a la realización de esa fe, con el pasar del tiempo tus pasos estarán por siempre encaminados hacia la verdadera meta. Si tu actitud hacia la vida es positiva, ya tendrás casi todo lo que jamás te haga falta. Esperanza, fe y bondad te guiarán por el camino de la felicidad y del éxito.

Cuando te enfrenten desafíos en la vida, de como los percibas dependerá su influencia positiva o negativa sobre tu vida. Si sabes aceptar una pizca de desencanto, y aprendes a reemplazarlo con optimismo y esperanza, entonces saldrás fortalecido por el camino de la vida.

Las puertas de la vida son aquellas que tú mismo deberás abrir. Son las que te enseñan que habrá felicidad y también cambios, y que cada día debe ser vivido plenamente. Torna todos tus sueños en realidad, porque de ti depende.

— Dena Dilaconi

Hijo mío, tú eres el artista que moldea tu vida

Tuyas son todas las bendiciones de la vida. Tienes dones inacabables de maravillosos talentos y oportunidades, y la conciencia clara de la importancia de ser quien eres.

Descubre tus dones, explóralos. Vívelos con el corazón y con el alma. Regocíjate y sorpréndete de su expresión. Crea tus propios instantes, vive con tu originalidad, sé lo que eres.

Esos dones son tuyos. Acarícialos y dales vida, luego compártelos con otros. Puedes verte reflejado en otros para comprenderte mejor, pero no los imites para que te acepten. No sería justo vivir la vida de otro.

Tu vida es sólo tuya – un escenario vacío, un lienzo que aguarda la pincelada – de ti, su artista. Estás libre para crear lo que quieras. Siempre recuerda el vasto potencial que recibiste como don.

– Nancy Somers Dougherty

Son tantos los instantes
que te aguardan, hijo mío...
días con gente nueva
a tu alrededor, momentos para
forjar nuevas amistades en tu mundo.

Habiendo tenido el enorme placer
de conocerte (¡desde el instante
en que naciste!) y de apreciar las mil
y una cosas maravillosas de ti...

Siempre tendré la esperanza de que
aquellos que compartan tu vida
sean seres sensibles y sepan
discernir su buena fortuna
por hallarse en la presencia
de un don
como tú.

— Marta Best

Cuando te sobrecojan las dificultades, he aquí un poema modesto para que recuerdes...

Persiste

Persiste como yo persistiría, hijo mío.
Pon de lado las dificultades.
Deja los obstáculos a tus espaldas
y trata de hacer lo mejor.

Persiste con confianza:
ya las riendas están en tus manos.
No creas que tu talento no alcanza,
porque mi sangre corre en tus venas.

Persiste con honestidad;
tú sabes qué está bien y es justo.
Acude a mi cuando tropieces con sinsabores;
bien sabes que te aguardo.

Persiste en tus sueños, hijo mío.
Que tu conciencia te guíe.
Recuerda, cuando te sientas solo,
que siempre estoy a tu lado.

– Shelley McDaniel

"Puedes ir hasta donde te lleven tus sueños"

Si puedes alcanzar, podrás conseguir.
Si puedes imaginar, podrás lograr.
Si puedes comenzar, podrás continuar.
Busca en tu alma, y hallarás la razón de creer.

Si puedes participar, podrás disponer.
Si puedes dar, se te recompensará.
Si puedes trepar, podrás trepar más alto.
Visualízalo: tu éxito se está moldeando.

Si confías en el triunfador que anida en tu alma,
triunfarás.
Si puedes conservar tu valentía, irás bien lejos.
Si persigues tus ambiciones, tu rumbo te guiará
hacia una escalinata que ascenderás
hasta las estrellas.

Si no te limitas
podrás seguir luchando.
Te sorprenderás de todo
lo que descubras que puedes hacer.
Si quieres alcanzar la felicidad,
no olvides estas pocas palabras:

Puedes ir hasta donde te lleven tus sueños

– Collin McCarty

Siempre habrá una multitud de senderos
 que podrás seguir en la vida;
mi esperanza es que en toda ocasión
 escojas el justo.

Si eres generoso en la vida,
tu recompensa será siempre mayor.
No lamentes el pasado
 sino aprende de la experiencia.
No olvides nunca tus sueños.
Los que guardan sus sueños
 guardan la esperanza.
Confía en ti mismo;
 así todos confiarán en ti.
Con tus dones puedes lograrlo todo,
pero no te aproveches nunca
 de tu prójimo.
Si sabes en tu vida
 amar a los demás,
habrás logrado el mayor triunfo
de la existencia.

— Judy LeSage

Haz siempre lo que dicta tu instinto, mi hijo, pues hay nobleza en tu alma

Deja la compasión y la bondad
guiarte en la vida
y mostrarte el camino.
No pierdas nunca tu sentido del humor
pues es maravilloso.
No tomes muy en serio las vicisitudes
y verás tu cielo despejarse.
Guárdate de la envidia y el sarcasmo
pues son mortales.
Haz siempre lo que dicta tu instinto,
y todos gozarán de tus talentos.
Busca amigos que sepan amarte,
que te aprecien tal como eres,
y que te ayuden a volverte aún mejor.
No dejes de seguir tus ambiciones,
ni de anhelar la perfección,
pues hay nobleza en tu alma.

— Bill Cross

Me regocijé
contemplándote en tu andar por la
vida como sólo un niño puede...
riendo, llorando,
tan seguro de ti mismo,
y al mismo tiempo
tan lleno de dudas.
Mi corazón lloró por ti
cuando la vida te traicionó;
te habría protegido
de penas y congojas
si me hubieses dejado.

Quería protegerte,
pero tú tenías que crecer
y ser tu propia persona,
y tuve que dejarte ir –
un poquito por vez.
Fue una de las cosas más
difíciles que hice jamás.

Tu infancia ya se acabó,
y yo aún añoro esos
momentos maravillosos,
pero a la vez me enorgullezco
de la persona que eres.
Te amo,
y cualquiera sea el rumbo
que elijas en tu vida,
mi amor siempre te acompañará...
y por siempre acariciaré tu presencia.

– Peggy Selig

Hijo mío, jamás olvides estas diez cosas...

Tu felicidad, tu salud, tu seguridad
todo lo significan para mí.

Por más que crezcas,
yo siempre te veré como mi hijito
y te amaré de todo corazón.

Me encanta estar contigo
y me complace la persona
que tú eres.

Tu voz es mi música preferida,
tu risa me llena de deleite.

Cree firmemente
que eres capaz y valioso,
precioso y único...
y actúa sobre esa base.

Has llegado a mi corazón
y me has enorgullecido
más de lo que te imaginas.

Los recuerdos de ti son entrañables para mí,
y más aún cuando compartimos
momentos y tradiciones.

Tú llenas mi vida de bendiciones,
y agradezco la amistad
que nos une.

No hay nada que tú puedas hacer
que disminuya mi amor por ti.

Mi mayor felicidad es que tú
seas mi hijito, y llenes
mi corazón de ternura.
Me admira que hayas llegado a mi vida
volviendo realidad mis sueños.

— Barbara Cage

Niñito u hombre hecho y derecho... un hijo es especial

No hay quien pueda hacer travesuras
más repentinas que un niño...
y parecer tan inocente con
sus grandes ojos y su sonrisa.

No hay nadie que pueda como él alegrar
tu corazón con flores arrancadas
de tu propio jardín,
dibujos en lápices de color,
o el dulce intento de ayudar
en los quehaceres.

No hay nadie que pueda como él llenar tu casa
de risa,
conquistar tu corazón plenamente,
y llenarte de dicha día tras día
y de orgullo creciente
año tras año.

No hay nadie más amado que un niño...
excepto ese hombre cabal
en el cual se convierte.

— Barbara J. Hall

RECONOCIMIENTOS

La siguiente es una lista parcial de autores a quienes la casa editora desea agradecer específicamente por haber otorgado su permiso para la reproducción de sus obras.

Katherine J. Romboldi por "Siempre desearé tu felicidad." Propiedad intelectual © 1994 por Katherine J. Romboldi. Todos los derechos reservados.

M. Joye por "Desde siempre había en ti algo...." Propiedad intelectual © 1994 por M. Joye. Todos los derechos reservados.

Nancye Sims por "¡Sé fiel a ti mismo!" Propiedad intelectual © 1994 por Nancye Sims. Todos los derechos reservados.

Lisa Hellermann por "No renuncies jamás a tus sueños" por Vicki Silvers. Propiedad intelectual © 1994 por Vicki Silvers. Todos los derechos reservados.

Barbara J. Hall por "Trabaja duro, hijo mío... pero diviértete a la vez," "Nunca menosprecies tu talento," y "Niñito u hombre hecho...." Propiedad intelectual © 1994, 2002 por Barbara J. Hall. Todos los derechos reservados.

Tim Connor por "Que cada día de tu vida sea una aventura." Propiedad intelectual © 1993 por Tim Connor. Todos los derechos reservados.

Chris Marie Perrin por "Por el camino de tu vida, hijo mío...." Propiedad intelectual © 1994 por Chris Marie Perrin. Todos los derechos reservados.

Jeffrey K. Lucas por "Si me pidieran que defina el hijo perfecto, yo diría...." Propiedad intelectual © 1994 por Jeffrey K. Lucas. Todos los derechos reservados.

Dena Dilaconi por "De ti depende, hijo mío, que todos tus sueños se tornen realidad." Propiedad intelectual © 1994 por Dena Dilaconi. Todos los derechos reservados.

Nancy Somers Dougherty por "Hijo mío, tú eres el artista que moldea tu vida." Propiedad intelectual © 1994 por Nancy Somers Dougherty. Todos los derechos reservados.

Hemos llevado a cabo un esfuerzo cuidadoso para identificar la propiedad intelectual de los poemas publicados en esta antología, con el objeto de obtener los permisos correspondientes para reproducir los materiales registrados y reconocer debidamente a los titulares de la propiedad intelectual. Si ha ocurrido algún error u omisión, ha sido totalmente involuntario y desearíamos efectuar su corrección en ediciones futuras, siempre y cuando se reciba una notificación por escrito en la editorial:

BLUE MOUNTAIN ARTS, INC., P.O. Box 4549, Boulder, Colorado 80306, EE.UU.